Papá, quiero oír tu historia

El diario guiado de un padre para compartir su vida y su amor

Jeffrey Mason

Hear Your Story Books

Sobre este libro

En el mundo actual, el tiempo con la familia queda a menudo relegado a un segundo plano por las prisas y las responsabilidades cotidianas. A pesar de que hacemos todo lo posible, a menudo nos encontramos con que tenemos poco tiempo para dedicar a las personas que forman parte de nuestra vida.

El propósito de *Papá, yo quiero escuchar tu historia* es inspirar conversaciones que nos reconecten con nuestras familias, nuestros pasados y, en última instancia, con nosotros mismos. Compartir con los demás ayuda a construir la comprensión, la empatía y la conexión.

Cuando nuestros hijos conocen nuestro pasado -de dónde venimos-, nuestras esperanzas y necesidades, nuestros sentimientos y miedos, pueden vernos más allá de lo que somos el uno para el otro, de la dinámica padre-hijo, y pueden tener una imagen más compleja y significativa de nosotros como individuos.

La búsqueda activa de una comprensión más profunda de la familia es lo que descubre el tesoro que hay en esas raíces compartidas: las coloridas historias, personas y lugares que conforman el tejido de tu familia aquí y ahora.

Mi esperanza es que este libro sirva como botón de pausa en las prisas y responsabilidades, permitiendo a los padres hablar abiertamente con sus hijos, ser vulnerables y aprender unos de otros.

Papá, yo quiero escuchar tu historia

¡ES TU CUMPLEAÑOS!

¿Cuál es tu fecha de nacimiento?
_____

¿Cuál era tu nombre completo al nacer?
_____

¿Te pusieron el nombre de un pariente o de alguien importante?
_____
_____
_____

¿En qué ciudad naciste?
_____

¿Cuál era tu longitud y peso al nacer?
_____

¿Naciste en un hospital? Si no es así, ¿dónde?
_____
_____

¿Cuáles fueron tus primeras palabras?
_____
_____
_____

¡ES TU CUMPLEAÑOS!

¿Qué edad tenías cuando empezaste a caminar?

_____

¿Qué edad tenían tus padres cuando naciste?

_____

_____

¿Cómo te describían tus padres cuando eras un bebé?

_____

_____

_____

_____

_____

_____

_____

_____

Papá, yo quiero escuchar tu historia

¡ES TU CUMPLEAÑOS!

¿Qué historias te han contado sobre el día en que naciste?

Papá, yo quiero escuchar tu historia

¡ES TU CUMPLEAÑOS!

¿Cuál es tu recuerdo favorito de la infancia?

_____

_____

_____

_____

_____

_____

_____

_____

_____

_____

_____

_____

_____

LO QUE PASÓ
EL AÑO EN QUE NACISTE

Busca en Google lo siguiente sobre el año en que naciste: ¿Cuáles son algunos de los acontecimientos notables que se produjeron?

_____
_____
_____
_____
_____

¿Qué película ganó el Oscar a la mejor película? ¿Quién ganó el premio al mejor actor y a la mejor actriz?

_____
_____
_____
_____

¿Cuáles fueron algunas de las películas más populares que se estrenaron ese año?

_____
_____
_____

LO QUE PASÓ
EL AÑO EN QUE NACISTE

¿Qué canción estaba en la cima de las listas de Billboard?

_____

_____

¿Quién era el líder del país (presidente, primer ministro, etc.)?

_____

_____

¿Cuáles eran algunos programas de televisión populares?

_____

_____

_____

¿Cuáles son los precios de los siguientes artículos?
- Una barra de pan:
- Un galón de leche:
- Una taza de café:
- Una docena de huevos:
- El coste medio de una vivienda nueva:
- Un sello de primera clase:
- Un coche nuevo:
- Un galón de gasolina:
- Una entrada de cine:

CRECIENDO

¿Cómo te describirías a ti mismo cuando eras un niño?

_____
_____
_____
_____

¿Tenías un apodo cuando crecías? En caso afirmativo, ¿cómo lo conseguiste?

_____

¿Quiénes eran tus mejores amigos en la época de la escuela primaria? ¿Sigues en contacto con ellos?

_____
_____
_____
_____

¿Cuáles eran tus tareas habituales? ¿Recibías una mesada? ¿Cuánto era y en qué lo gastabas?

_____
_____
_____

CRECIENDO

Describe cómo era tu habitación cuando crecías. ¿Estaba desordenada o limpia? ¿Tenías cuadros o carteles en las paredes? ¿Cuáles eran los colores principales?

_____

_____

_____

_____

_____

_____

_____

_____

¿Qué es lo que echas de menos de tu infancia?

_____

_____

_____

_____

Papá, yo quiero escuchar tu historia

TRIVIA DE PAPÁ

¿Cuál es tu sabor de helado favorito?
_____

¿Cómo te gusta el café?
_____

_____

Si pudieras vivir en cualquier parte del mundo durante un año con todos los gastos pagados, ¿dónde elegirías?
_____

_____

_____

¿Cómo te gustan los huevos cocinados?
_____

Preferencia: ¿cocinar o limpiar?
_____

¿Cuál es tu número de calzado?
_____

¿Qué superpoder elegirías para ti?
_____

_____

TRIVIA DE PAPÁ

¿Tienes alguna alergia?

_____

_____

_____

¿Cuál es tu mayor temor?

_____

_____

¿Qué pedirías como última comida?

_____

_____

_____

_____

¿Te ha roto alguna vez un hueso? ¿Cuál(es) y cómo?

_____

_____

¿Cuál es tu sándwich favorito?

_____

LA ADOLESCENCIA

¿Cómo te describirías a ti mismo cuando eras adolescente?

_____
_____
_____
_____
_____

¿Cómo te vestías y peinabas durante tu adolescencia?

_____
_____
_____
_____
_____

¿Salías con un grupo o sólo con unos pocos amigos íntimos? ¿Sigues teniendo relación con alguno de ellos?

_____
_____
_____
_____
_____

LA ADOLESCENCIA

Describe una típica noche de viernes o sábado durante tus años de instituto.

_____

_____

_____

_____

¿Tenías una hora para volver a casa?

_____

¿Saliste con alguien durante tus años de instituto?

_____

_____

¿Fuiste a algún baile de la escuela? ¿Cómo eran?

_____

_____

_____

_____

¿Quién te enseñó a conducir y en qué tipo de coche?

_____

_____

LA ADOLESCENCIA

¿Qué edad tenías cuando compraste tu primer coche? ¿Qué tipo de coche era (año, marca y modelo)?

_____

_____

¿En qué actividades escolares o deportes has participado?

_____

_____

_____

_____

_____

¿Qué te gustaba y qué no te gustaba del colegio?

_____

_____

_____

_____

_____

LA ADOLESCENCIA

¿Cómo eran tus notas?

¿Tenías una asignatura favorita y otra menos favorita?

¿Cuáles son sus canciones favoritas de los años de colegio?

LA ADOLESCENCIA

Sabiendo todo lo que sabes ahora, ¿qué consejo le darías a tu yo adolescente? ¿Qué habrías hecho diferente en la escuela si supieras entonces lo que sabes ahora?

_____
_____
_____
_____
_____
_____
_____
_____
_____
_____
_____
_____
_____
_____

LA ADOLESCENCIA

Escribe sobre un profesor, entrenador u otro mentor que haya tenido un impacto significativo en ti durante tu crecimiento.

COMIENZOS

¿Qué hiciste después del colegio? ¿Conseguiste un trabajo, hiciste el servicio militar, fuiste a la universidad o a un instituto? ¿O algo más?

_____
_____
_____
_____

¿Por qué has tomado esta decisión?

_____
_____
_____
_____
_____
_____

Si fuiste a la universidad o al instituto, ¿cuál fue tu especialidad/el enfoque de tu educación?

_____
_____
_____

COMIENZOS

¿Cómo influyó esta época en lo que tú eres hoy?

_____
_____
_____
_____
_____

Si pudieras volver atrás, ¿qué cambiarías, si es que hay algo, de este periodo de tu vida? ¿Por qué?

_____
_____
_____
_____
_____
_____
_____

TRABAJO Y CARRERA

Cuando eras niño, ¿qué querías ser de mayor?

_____

_____

¿Cuál fue tu primer trabajo? ¿Qué edad tenías? ¿Cuánto te pagaron?

_____

_____

¿Cuántos trabajos has tenido a lo largo de tu vida? Enumera algunos de tus favoritos.

_____

_____

_____

_____

¿Cuál es el trabajo menos favorito que hayas tenido?

_____

_____

_____

TRABAJO Y CARRERA

¿Hay algún trabajo o profesión que tus padres querían que ejercieras? ¿Cuál era?

_____
_____
_____

Cuando la gente te pregunta qué profesión tienes o tuviste, tu respuesta es...

_____
_____
_____
_____

¿Cómo entraste en esta carrera?

_____
_____
_____
_____
_____
_____

TRABAJO Y CARRERA

¿Cuáles eran/son las mejores partes de esta profesión?

¿Qué aspectos te han gustado o te disgustan?

TRABAJO Y CARRERA

¿Quién ha sido el mejor jefe que has tenido? ¿Por qué era tan buen jefe?

_____
_____
_____
_____
_____
_____

¿Cuáles son algunos de tus logros laborales y profesionales de los que te sientes más orgulloso?

_____
_____
_____
_____
_____
_____
_____

Papá, yo quiero escuchar tu historia

TRIVIA DE PAPÁ

¿Te han dicho alguna vez que te pareces a alguien famoso? En caso afirmativo, ¿a quién?

_____
_____
_____

¿Cuál es tu rutina matutina?

_____
_____
_____
_____

¿Cuál es tu placer culpable favorito?

_____
_____
_____

¿Qué familia televisiva te recuerda más a la tuya?

_____
_____
_____

TRIVIA DE PAPÁ

¿Tenías aparatos de ortodoncia? Si es así, ¿qué edad tenías cuando te los pusieron?

_____

¿Te gustan las montañas rusas?

_____

_____

¿Qué nombre elegirías si tuvieras que cambiar tu nombre de pila?

_____

¿Alguna vez faltaste a la escuela?

_____

En caso afirmativo, ¿te saliste con la tuya y qué hiciste durante el tiempo que deberías haber estado en clase?

_____

_____

_____

_____

_____

PADRES Y ABUELOS

¿Dónde nació tu madre y dónde creció?

_____
_____
_____

¿Qué tres palabras utilizarías para describirla?

_____
_____
_____

¿En qué te pareces más a tu madre?

_____
_____
_____
_____
_____
_____

PADRES Y ABUELOS

¿Dónde nació tu padre y dónde creció?

_____

_____

_____

¿Qué tres palabras utilizarías para describirlo?

_____

_____

_____

¿En qué te pareces más a tu padre?

_____

_____

_____

_____

_____

_____

PADRES Y ABUELOS

¿Cuál es el recuerdo favorito de su madre?

PARENTS & GRANDPARENTS

¿Cuál es el recuerdo favorito de su madre?

_____

_____

_____

_____

_____

_____

_____

_____

_____

_____

_____

_____

_____

PADRES Y ABUELOS

¿Cuál era el nombre de soltera de tu madre?
_____

¿Sabes de qué parte o partes del mundo es originaria tu familia materna?
_____
_____
_____

¿Sabes el apellido de soltera de la madre de tu padre?
_____
_____

¿Sabe de qué parte o partes del mundo es originaria la familia de tu padre?
_____
_____
_____

¿Cómo se conocieron tus padres?
_____
_____
_____

PADRES Y ABUELOS

¿Cómo describirías su relación?

¿A qué se dedicaban tus padres?

¿Tenía alguno de ellos algún talento o habilidad única?

¿Alguno de ellos sirvió en el ejército?

PADRES Y ABUELOS

¿Cuál es la tradición familiar favorita que te han transmitido tus padres o abuelos?

_____
_____
_____

¿Cuáles son las cosas que más te gustan que tu madre o tu padre cocinen para la familia?

_____
_____
_____
_____

¿Cómo eran tus abuelos por parte de tu madre?

_____
_____
_____
_____
_____
_____

PADRES Y ABUELOS

¿Sabes dónde nacieron y crecieron los padres de tu madre?

_____
_____
_____
_____

¿Cómo eran tus abuelos por parte de tu padre?

_____
_____
_____
_____
_____
_____

¿Sabes dónde nacieron y crecieron los padres de tu padre?

_____
_____
_____
_____
_____

PADRES Y ABUELOS

¿Cuál es uno de los mejores consejos que te dio tu madre?

PADRES Y ABUELOS

¿Cuál es uno de los mejores consejos que te dio tu padre?

PADRES Y ABUELOS

¿Conociste a tus bisabuelos de ambos lados de tu familia? En caso afirmativo, ¿cómo eran?

PADRES Y ABUELOS

¿Qué otras personas tuvieron un papel importante en tu crecimiento?

TUS HERMANOS

¿Eres hijo único o tienes hermanos?
___

¿Eres el mayor, el mediano o el más joven?
___

Enumera los nombres de tus hermanos por orden de edad. Asegúrate de incluirte a ti mismo.

___

___

___

___

___

¿Con cuál de tus hermanos estabas más unido mientras crecías?

___

___

¿Con cuál de sus hermanos estas más unido en tu edad adulta?

___

___

___

TUS HERMANOS

¿Cómo describirías a cada uno de tus hermanos cuando eran niños?

_____
_____
_____
_____
_____
_____

¿Cómo describiría a cada uno de sus hermanos como adultos?

_____
_____
_____
_____
_____
_____
_____

TUS HERMANOS

En las siguientes páginas, comparte algunos recuerdos favoritos de cada uno de tus hermanos. Si eres hijo único, no dudes en compartir recuerdos de amigos cercanos o primos.

TUS HERMANOS

Recuerdos...

Papá, yo quiero escuchar tu historia

TUS HERMANOS

Recuerdos...

TUS HERMANOS

Recuerdos...

SER Y CONVERTIRSE EN PADRE

¿Qué edad tenías cuando quisiste ser padre por primera vez?
_____

¿Qué edad tenías cuando fue padre?
_____

¿Quién fue la primera persona a la que le dijiste que ibas a ser padre?
_____
_____
_____

Describe su reacción.
_____
_____
_____
_____
_____
_____
_____

SER Y CONVERTIRSE EN PADRE

¿Cuál era la longitud y el peso de tus hijos al nacer?

_____

_____

_____

_____

_____

¿Los nacimientos de tus hijos fueron tempranas, tardías o puntuales?

_____

_____

_____

_____

¿Hay alguna canción o canciones especiales que cantaras o tocaras a tus hijos cuando eran pequeños?

_____

_____

_____

_____

SER Y CONVERTIRSE EN PADRE

Mirando hacia atrás, ¿qué cambiaría de la forma en que fueron educados tus hijos, si es que hay algo que cambiar?

_____
_____
_____
_____
_____
_____
_____
_____
_____
_____
_____
_____
_____
_____
_____

SER Y CONVERTIRSE EN PADRE

¿Cuáles son las mayores diferencias en la forma de educar fueron educados tus hijos, si es que hay algo que cambiar?

_____
_____
_____
_____
_____
_____
_____
_____
_____
_____
_____
_____
_____
_____
_____

SER Y CONVERTIRSE EN PADRE

¿Qué es lo mejor y lo más difícil de ser padre?

Papá, yo quiero escuchar tu historia

SER Y CONVERTIRSE EN PADRE

Escribe sobre un recuerdo favorito de ser padre.

SER Y CONVERTIRSE EN PADRE

Sabiendo lo que sabes ahora, ¿qué consejo te darías a ti mismo como padre primerizo?

SER Y CONVERTIRSE EN PADRE

Basándote en todo lo que has aprendido y experimentado, ¿qué consejo darías a tus hijos?

HABLEMOS DE TUS HIJOS

¿Cómo se habrían llamado tus hijos si hubieran nacido del sexo opuesto?

¿A quién se parecían más cuando eran bebés?

¿Cuáles fueron sus primeras palabras?

HABLEMOS DE TUS HIJOS

¿Qué edad tenían cuando dieron sus primeros pasos?

_____
_____
_____

¿Alguno de tus hijos fue una "sorpresa"?

_____
_____
_____

¿Hay algún libro específico que recuerdes haber leído a tus hijos?

_____
_____

Cuando tus hijos eran pequeños, ¿qué truco utilizabas para calmarlos cuando se enfadaban?

_____
_____
_____
_____

HABLEMOS DE TUS HIJOS

¿En qué se parecen tus hijos a ti?

HABLEMOS DE TUS HIJOS

¿En qué se diferencian?

TRIVIA DE PAPÁ

Si pudieras hacer cualquier cosa durante un día, ¿qué sería?

_____

_____

¿Cuál es tu estación favorita? ¿Qué cosas te gustan de esa época del año?

_____

_____

_____

¿Qué olor te recuerda a tu infancia? ¿Por qué?

_____

_____

_____

¿Cuál es la tarea doméstica que menos te gusta?

_____

_____

¿Qué es lo que haces mejor que los demás en la familia?

_____

_____

_____

TRIVIA DE PAPÁ

¿Cuál es tu postre favorito?

_____

¿Cuál es tu recuerdo favorito de los últimos doce meses?

_____

_____

_____

Si sólo pudieras comer tres cosas durante el próximo año (sin que ello afectara a tu salud), ¿qué elegirías?

_____

_____

_____

¿Cuál es tu definición de éxito?

_____

_____

_____

_____

ESPIRITUALIDAD Y RELIGIÓN

¿Cuál cree que es el propósito de la vida?

¿Qué influye más en nuestra vida: el destino o el libre albedrío?

ESPIRITUALIDAD Y RELIGIÓN

¿Eran tus padres religiosos cuando crecías? ¿Cómo expresaban sus creencias espirituales?

ESPIRITUALIDAD Y RELIGIÓN

¿Cómo han cambiado tus creencias y prácticas espirituales o religiosas a lo largo de tu vida?

_____
_____
_____
_____
_____
_____
_____
_____
_____
_____
_____
_____
_____
_____
_____

ESPIRITUALIDAD Y RELIGIÓN

¿Qué prácticas religiosas o espirituales incorporas a tu vida diaria hoy en día, si es que hay alguna?

_____

_____

_____

_____

_____

_____

¿Crees en los milagros? ¿Ha experimentado alguno?

_____

_____

_____

_____

_____

_____

ESPIRITUALIDAD Y RELIGIÓN

¿Qué haces cuando los tiempos son difíciles y necesitas encontrar más fuerza interior?

_____
_____
_____
_____
_____
_____
_____
_____
_____
_____
_____
_____
_____
_____
_____

ESPIRITUALIDAD Y RELIGIÓN

Escribe sobre una ocasión en la que hayas encontrado alivio al perdonar a alguien.

_____
_____
_____
_____
_____
_____
_____
_____
_____
_____
_____
_____
_____
_____
_____

AMOR Y ROMANCE

¿Crees en el amor a primera vista?

_____
_____
_____

¿Crees en las almas gemelas?

_____
_____
_____

¿Qué edad tenías cuando diste tu primer beso?

_____

¿Qué edad tenías cuando tuviste tu primera cita?

_____

¿Puede recordar con quién fue y qué hiciste?

_____
_____
_____
_____
_____

AMOR Y ROMANCE

¿Qué edad tenías cuando tuviste tu primera relación estable? ¿Con quién fue?

_____

¿Cuántas veces en tu vida has estado enamorado?

_____

_____

¿Cuáles son las cualidades más importantes de una relación exitosa?

_____

_____

_____

_____

_____

_____

_____

_____

_____

AMOR Y ROMANCE

¿Te enamoraste de algún famoso cuando era joven?

_____
_____
_____

¿Has tenido alguna vez una relación con alguien que tus padres no aprobaban?

_____
_____
_____

¿Has escrito alguna vez a alguien o has hecho que alguien te escriba un poema o una canción de amor?

_____

Si la respuesta es afirmativa, escribe algunas líneas que puedas recordar.

_____
_____
_____
_____
_____

AMOR Y ROMANCE

¿De qué manera crees que la relación de tus padres ha influido en tu forma de enfocar el amor y el matrimonio?

_____
_____
_____
_____
_____
_____

Escribe sobre un momento romántico favorito.

_____
_____
_____
_____
_____
_____

AMOR Y ROMANCE

¿Cómo conociste a nuestra madre?

¿Cuál fue tu primera impresión de ella?

¿Cuál es la historia de su propuesta?

AMOR Y ROMANCE

¿Cómo fue tu boda? ¿Dónde se celebró y quiénes estuvieron allí? ¿Alguna buena anécdota del día de la boda?

_____
_____
_____
_____
_____
_____
_____
_____
_____
_____
_____
_____
_____
_____
_____
_____

VIAJE

¿Tienes un pasaporte válido?
_____

¿Qué opinas de los cruceros?
_____
_____

¿Qué te parece volar?
_____

¿Cuáles son algunos de tus lugares favoritos a los que has viajado?
_____
_____
_____
_____
_____
_____
_____

VIAJE

¿Cuál es tu recuerdo de viaje favorito?

LISTA DE DESEOS DE VIAJE

Enumera los 10 principales lugares que visitarías si el dinero y el tiempo no fueran una preocupación.

1. _____

   _____

2. _____

   _____

3. _____

   _____

4. _____

   _____

5. _____

   _____

LISTA DE DESEOS DE VIAJE

6. _____

_____

7. _____

_____

8. _____

_____

9. _____

_____

10. _____

_____

TRIVIA DE PAPÁ

¿Qué título le pondrías a tu autobiografía?
_____
_____

¿Crees que podrías aprobar la parte escrita del examen de conducir sin estudiar?
_____

¿Cuál es tu color favorito?
_____

¿Cuál es tu cita favorita?
_____
_____
_____

¿Crees en la vida en otros planetas?
_____

Si pudieras viajar en el tiempo y tuvieras que elegir, ¿con quién te encontrarías: con tus antepasados o con tus descendientes?
_____
_____
_____

TRIVIA DE PAPÁ

¿De qué logros personales estás más orgulloso?

_____
_____
_____
_____
_____

¿Cuáles son las cinco cosas por las que estás agradecido?

_____
_____
_____
_____
_____

Si te obligaran a cantar en un karaoke, ¿qué canción interpretarías?

_____
_____
_____

ASUNTOS POLÍTICOS

¿Qué es lo que mejor describe tu opinión sobre las discusiones políticas?
- ☐ Preferiría no hacerlo.
- ☐ Prefiero tenerlas con personas cuyos puntos de vista coincidan con los míos.
- ☐ Me encanta un buen debate.

¿Qué edad tenías la primera vez que votaste?
_____

¿Cuáles son las mayores diferencias entre tus opiniones políticas actuales y las de cuando tenías veinte años?

_____

_____

_____

_____

¿Has participado alguna vez en una marcha o boicot? ¿Qué cuestiones, si las hay, podrían motivarte a unirte a una?

_____

_____

_____

_____

ASUNTOS POLÍTICOS

¿Cuándo fue la última vez que votaste?

_____

_____

¿En qué sentido estás de acuerdo y en qué no con las opciones políticas de la generación de tus hijos?

_____

_____

_____

_____

_____

Si te despertaras y se encontraras al mando del país, ¿cuáles son las tres primeras cosas que promulgarías o cambiarías?

Uno: _____

_____

Dos: _____

_____

Tres: _____

_____

RECUERDOS DEPORTIVOS

Cuando eras niño, ¿pensaste alguna vez en ser un atleta profesional? ¿Qué deportes?

_____

_____

Cuando crecías, ¿cuál era tu deporte favorito? ¿Tenías un equipo favorito?

_____

_____

_____

_____

¿Quién es tu jugador favorito de todos los tiempos en cualquier deporte?

_____

_____

_____

Si el dinero no fuera un problema, ¿a qué evento deportivo te gustaría más asistir?

_____

_____

_____

RECUERDOS DEPORTIVOS

¿Cuál fue el primer evento deportivo profesional al que asististe en persona?

_____

_____

_____

¿Cuál fue la derrota más aplastante que experimentaste jugando o viendo un evento deportivo?

_____

_____

_____

¿Hay algún acontecimiento deportivo que vieras de niño y que aún recuerdes vívidamente?

_____

_____

_____

¿Cuál es su película deportiva favorita?

_____

_____

_____

_____

CINE, MÚSICA, TELEVISIÓN Y LIBROS

¿Qué película has visto el mayor número de veces?

¿Qué película o programa de televisión recuerdas que te gustaba cuando eras niño?

¿A quién elegirías para interpretarte a ti mismo en la película de tu vida? ¿Y para el resto de tu familia?

CINE, MÚSICA, TELEVISIÓN Y LIBROS

¿Cuáles son tus géneros musicales favoritos?

_____

_____

_____

_____

¿Qué décadas tuvieron la mejor música?

_____

_____

_____

_____

¿Cuál es el primer disco (o casete, cd, etc.) que recuerdas haber comprado o que te regalaron?

_____

_____

¿Qué canción te gusta hoy en día que haría que tu yo más joven se acobardara?

_____

_____

CINE, MÚSICA, TELEVISIÓN Y LIBROS

¿Cuál es la canción de tu adolescencia que te recuerda un evento o momento especial?

_____

_____

¿Qué canción elegirías tema de tu vida?

_____

_____

¿Cuál fue el primer concierto al que asististe? ¿Dónde se celebró y cuándo?

_____

_____

¿Cómo ha cambiado tu gusto musical a lo largo de los años?

_____

_____

_____

CINE, MÚSICA, TELEVISIÓN Y LIBROS

¿Qué programa de televisión del pasado te gustaría que siguiera al aire?

_____

Si pudieras participar en cualquier programa de televisión o película, pasada o presente, ¿cuál elegirías?

_____

¿Cuáles son algunos de los libros favoritos de tu infancia y/o adolescencia?

_____

_____

_____

¿Qué libro o libros han influido mucho en tu forma de pensar, trabajar o vivir la vida?

_____

_____

_____

_____

_____

TOP DIEZ DE PELÍCULAS

Enumera hasta diez de tus películas favoritas:

1. _____

2. _____

3. _____

4. _____

5. _____

6. _____

7. _____

8. _____

9. _____

10. _____

TOP DIEZ DE CANCIONES

Enumera hasta diez de tus canciones favoritas:

1. _____

2. _____

3. _____

4. _____

5. _____

6. _____

7. _____

8. _____

9. _____

10. _____

TRIVIA DE PAPÁ

¿Cuál es tu festivo favorito y por qué?

_____
_____
_____
_____

¿Hay algo en el historial médico de tu familia que tus hijos deban conocer?

_____
_____
_____
_____
_____

¿Qué período de diez años de tu vida ha sido tu favorito hasta ahora y por qué?

_____
_____
_____
_____
_____

TRIVIA DE PAPÁ

¿A quién invitarías si pudieras cenar con cinco personas cualesquiera que hayan vivido?

_____

_____

_____

_____

_____

¿Cuáles son algunos de tus libros favoritos?

_____

_____

_____

_____

_____

_____

_____

_____

ESPACIO PARA MÁS

Las siguientes páginas son para que amplíes algunas de tus respuestas, para que compartas más recuerdos y/o para que escribas notas a tus seres queridos:

_____

_____

_____

_____

_____

_____

_____

_____

_____

_____

_____

_____

ESPACIO PARA MÁS

ESPACIO PARA MÁS

ESPACIO PARA MÁS

ESPACIO PARA MÁS

ESPACIO PARA MÁS

ESPACIO PARA MÁS

ESPACIO PARA MÁS

ESPACIO PARA MÁS

_____
_____
_____
_____
_____
_____
_____
_____
_____
_____
_____
_____
_____
_____

ESPACIO PARA MÁS

HEAR YOUR STORY BOOKS

En **Hear Your Story**, hemos creado una línea de libros centrada en ofrecer a cada uno de nosotros un lugar para contar la historia única de quiénes somos, dónde hemos estado y hacia dónde vamos.

Compartir y escuchar las historias de las personas que forman parte de nuestra vida crea una cercanía y una comprensión que, en última instancia, refuerza nuestros vínculos.

Disponible en Amazon, en todas las librerías y en HearYourStoryBooks.com

- Papá, quiero oír tu historia: El diario guiado de un padre Para compartir su vida y su amor
- Mamá, quiero oír tu historia: El diario guiado de un padre Para compartir su vida y su amor
- Abuela, quiero escuchar su historia: Diario guiado de una abuela para compartir su vida y su amor
- Abuelo, Cuéntame Tu Historia: Diario Guiado de un Abuelo Para Compartir su Vida y Su Amor
- Dad, I Want to Hear Your Story: A Father's Guided Journal to Share His Life & His Love
- Mom, I Want to Hear Your Story: A Mother's Guided Journal to Share Her Life & Her Love
- Grandfather, I Want to Hear Your Story: A Grandfather's Guided Journal to Share His Life and His Love

HEAR YOUR STORY BOOKS

- Grandmother, I Want to Hear Your Story: A Grandmother's Guided Journal to Share Her Life and Her Love
- You Choose to Be My Dad; I Want to Hear Your Story: A Guided Journal for Stepdads to Share Their Life Story
- Life Gave Me You; I Want to Hear Your Story: A Guided Journal for Stepmothers to Share Their Life Story
- To My Wonderful Aunt, I Want to Hear Your Story: A Guided Journal to Share Her Life and Her Love
- To My Uncle, I Want to Hear Your Story: A Guided Journal to Share His Life and His Love
- The Story of Expecting You: A Selfcare Pregnancy Guided Journal and Memory Book
- To My Boyfriend, I Want to Hear Your Story
- To My Girlfriend, I Want to Hear Your Story
- Getting to Know You: 201 Fun Questions to Deepen Your Relationship and Hear Each Other's Story

DEDICACIÓN

A Tommie Louis Mason
Mi padre

Fuiste mi primer ejemplo, mi mentor de siempre.

Nos parecemos en el temperamento
y lo mismo en espíritu.
La lección de su vida fue
para vivir y amar con todo lo que soy,
para no rendirse nunca y encontrar siempre un camino.

Lo más importante de todo,
me enseñaste a amar lo que soy
y siempre creo que me merezco *algo increíble*.

Gracias por tu amor, tu ejemplo y tu pasión por descubrir lo que es posible.

Te quiero papá.

Dios mío, te echo de menos.

Sobre el autor

Jeffrey Mason lleva más de veinte años trabajando con individuos, parejas y organizaciones para crear cambios, alcanzar objetivos y fortalecer las relaciones.

Parte de la base de que ser humano es difícil y que cada persona tiene una historia de vida increíble que compartir.

Se compromete ferozmente a ayudar a los demás a entender que el perdón es el mayor regalo que podemos hacer a los demás y a nosotros mismos. Y trata de recordar que, si bien tenemos la eternidad, no tenemos para siempre.

Te agradecería que ayudaras a la gente a encontrar sus libros dejando una reseña en Amazon. Tus comentarios también le ayudan a mejorar en esto que ama.

Puedes ponerte en contacto con él en HearYourStoryBooks.com o directamente en hello@jeffreymason.com. Le encantará saber de ti.

**Copyright © 2023 EYP Publishing, LLC,
Hear Your Story Books, & Jeffrey Mason**
Todos los derechos reservados. Ninguna parte de esta publicación puede ser reproducida, distribuida o transmitida en cualquier forma o por cualquier medio, incluyendo fotocopias, grabaciones, ordenadores u otros métodos electrónicos o mecánicos, sin el permiso previo por escrito del editor, excepto en el caso de breves citas incorporadas en reseñas críticas y algunos otros usos no comerciales permitidos por la ley de derechos de autor. Para solicitar el permiso, escriba al editor, dirigido a "Atención: Permissions Coordinator", a customerservice@eyppublishing.com.
ISBN: 978-1-955034-70-8

Made in the USA
Monee, IL
27 May 2024

0823bd7d-c529-4069-a08b-4cb4d79e6ca5R01